Maren Neufeld
Tiergerecht!?
Lyrik

Maren Neufeld

Tiergerecht!?

Lyrik

BoD Norderstedt

Bibliografische Information
Der Deutschen Bibliothek
Die Deutsche Bibliothek verzeichnet diese
Publikation in der Deutschen Nationalbibliografie;
detaillierte bibliografische Daten sind im Internet
über http://dnb.ddb.de abrufbar

1. Auflage 2014
ISBN 978-3-7322-9766-5

© Copyright Maren Neufeld
Alle Rechte beim Autor

Nachdruck, auch auszugsweise, oder die
Verwendung in anderen Medien ist ohne
ausdrückliche Genehmigung durch den Verlag
und Autor nicht gestattet

Herstellung und Verlag
Books on Demand GmbH, Norderstedt

Tierschutz ist Verantwortung

Zahlreiche Studien aus der Wissenschaft, Fachbücher und Artikel in Tierschutzmagazinen verweisen in sachlich kompetenter Sprache auf die Missstände und das qualvolle Leid in der heutigen Haus- und Nutztierhaltung. Anhand dieser Fülle von anschaulichen Informationen erscheint es fast unbegreiflich, dass eine fortschrittlich denkende Gesellschaft die Bedeutung der kommerziellen Ausrichtung über die artgerechte Haltung von Tieren setzt und damit letztlich dieses argumentlose Unrecht weitestgehend teilnahmslos erduldet. Als langjährige Tierschutzberaterin stehe ich immer wieder vor der aktiven Herausforderung, Missständen und menschlichem Fehlverhalten durch Gespräche und Aufklärungsarbeit entgegenzutreten, um zum Wohl der Tiere ein erträgliches Umfeld zu schaffen, das langfristig zum Umdenken anregt. Aus dieser Verantwortung heraus habe ich mich entschieden, ein Buch zu schreiben, das schonungslos die Schattenseiten aufgreift und hinterfragt. Anders als in meiner sachlich beratenden Tätigkeit als Tierschutzberaterin habe ich mich für eine emotional lyrische Form entschieden, da sie kompromisslos das aufgreift, was nur ungerne öffentlich ausgesprochen wird, die Härte und Brutalität im Umgang mit lebenden Tieren. Darüber hinaus hat für mich die Lyrik neben dem Aspekt der Eindringlichkeit einen Stellenwert der Verarbeitungs- und Bewältigungsstrategie, deren Ausrichtung den Wirkungskreis einer gefühlskalten Ignoranz weitreichend erörtert. Mein Wort möchte anecken, mein Buch möchte bewusst provozieren, um dort, wo eine Sachlichkeit als inhaltslos gescheitert erscheint, nicht zu verstummen, sondern zu verinnerlichen. Tierschutz geht uns alle an. Wir wollen eine Gesellschaft, die fair ist, eine Gesellschaft, die es ermöglicht, Raum zu schaffen für Bedürfnisse und eigenständige Verwirklichung. Tiergerechte Haltung und Verantwortung stärkt das Sinnbild der eigenen Menschlichkeit und die Perspektive einer fairen, bedeutsamen Welt. Wo immer Sie sich entscheiden Tierschutzverfehlungen entgegenzutreten, lassen Sie sich nicht entmutigen. Ihr Beitrag ist ein Schritt in die Zukunft, ein Einsatz für ein artgerechtes und würdevolles Leben.

Gib mir einen Punkt, wo ich hintreten kann, und ich bewege die Erde!

Archimedes

Gebet eines Tieres

Du bist ein mächtiger Gott

Du lässt es zu, dass man mich versklavt, dass meine Peiniger mich misshandeln, mir meine Würde rauben und meine Nachkommenschaft. Du gibst ihnen freie Hand, stärkst ihre Habgier, ihre Urteilslosigkeit auf ein Tierrecht. Du bist ein mächtiger Gott und ich bin ohne Hoffnung dem Menschen ausgeliefert. Wie kann meine Art überleben, in Freiheit leben? Doch ich bin ein Tier, ja auch ich, ich töte, um zu überleben. Der Mensch hingegen ist eine Bestie. Er tötet, um zu töten. Du bist ein mächtiger Gott. Du verstehst. Du bist ein mächtiger Gott, aber auch ein blinder.

Tiertransport

Ist doch nur Vieh

Die Sorgfalt und der Transport
Relax
Klimaanlage in der Fahrerkabine
Ein wenig heiß
Ist Sommer
Ungefähr 30° C
Cool
Im Schlachthof
Erschöpfung
Ist doch nur Ware
Stockstöße Stromschläge
Achtung lebende Tiere
In Wirklichkeit
Ist doch nur Vieh
Ungeschultes Personal
Notfalls auch per Gabelstapler
Auf die Beine gezwungen
Ein qualvoller Tod
Letzten Endes
Ohne Betäubung
Profit
Ein erhabener Moment
Ein ganz unseriöses Treiben

Küken (männlich)
Noch ganz jung

Zerschreddert

Das ist dann wohl so

Zerkleinert

Lebendig

Zerschreddert

Kaum wahrgenommen

Menschlichkeit

Wo ist Gott

Zerschreddert

Noch ganz jung

Noch ein Küken

Noch ein Leben

Am falschen Ort

Kosmetik
Und natürlich Wimperntusche

Ich bin schön
Ich rieche gut
Meine Haut ist so sensibel
Ich benutze einen Lippenstift
Blutrot
Und natürlich Wimperntusche
Ich bin wichtig
Ich bin schön
Ich nur ich
Wir sollten uns dagegen wehren
Ich bin ein Mensch
Natürlich schön
Ich bin natürlich
Verzichte auf Tierkosmetik

Leben

Aufgezwungene Qual

Folter und Angst

Oftmals gequält

Charakterlose Leidlinie

Beispiele aus dem Tierschutzbericht

Der Wille gebrochen

Aufgezwungene Qual

Heimat

Ein Unternehmen

Die Heimat

Und irre Artgenossen

Richtlinien

Und schalldicht verborgen

Strenge Richtlinien
Du bist tot
Und du wirst gequält
Beanstandungen
Der Nerz
Chinchillas
Wahrscheinlich auch
Ein paar Füchse
Nur gezüchtet
Und schalldicht verborgen
Zumindest
Weit weg
Aus den Köpfen
Diese vier Pfoten
Oder doch nicht
Kaufen Sie etwa mit Verstand

Tierversuche

Ich habe keinen Namen

Wenn die Lichter angehen, das Grauen in das klinische Umfeld eintritt, um sorgfältig, emotionslos, steril in weiß sich meiner Schutzlosigkeit zu bemächtigen, dann verklärt man diesen Ablauf zu einem Fortschritt der Medizin.

Bevor die Arznei für ein menschliches Bedürfnis, Überleben und Ausbeutung um jeden Preis, seine Anwendung findet, steht der Laborversuch, die Vernichtung unschuldigen Lebens, im zentralen Mittelpunkt.

Ich habe keinen Namen, keine Lobby, keine andere Bedeutung als nutzbar in Werten und Aktien eine gewinnsüchtige Pharmaindustrie finanziell zu etablieren.

Ich habe keinen Namen.

Keinen Namen aus Rücksicht, nicht zu emotional auf meine Peiniger zu wirken.

Ich bin eine Nummer, ein Forschungsobjekt, eine Maus, eine Ratte, ein Kaninchen, ein Hund, ein Affe.

Ein Versuchstier im Labor.

Ich bin stumm, schweigsam in den Köpfen der Verbraucher, kaum in den Medien zu vernehmen, ein wortloser, stummer, einsetzbarer Stellvertreter für den klinischen Versuch am Menschen in der angewandten Medizin.

Ich werde missbraucht.

Mein Tod, meine Qual ist vorgeschriebene Wirksamkeits- und Sicherheitsprüfung im Ausblick auf Stoffe und Produktzulassungen.

Ein Fortschritt.

Keine Gnade.

Keine Liebe.

Ein Fortschritt.

Nicht eine andere Aussicht als der Tod.

Nicht eine andere Aussicht als Schmerz.

Wenn ein junger Mensch an den Folgen von Leukämie in einer Kinderklinik stirbt, zutiefst verzweifelte Eltern Gott um ein *Warum* anflehen, Geschwister und Verwandte hilfesuchend das Unrecht beklagen, welches ihnen widerfährt, dann begleitet meine Qual, mein Tod, mein Lebenswunsch dieses unschuldige Kind auf seinem letzten Weg.

Es klingt hart.

Doch nicht ich habe Krebs, nicht ich habe mich als Opfer ausgesucht, um qualvoll zu verenden.

Der Tod des unschuldigen Kindes.

Durch meine Pein, durch meinen Schmerz, durch mein Leid wird jede Unschuld eine Schuld.

Ein schuldiger Begleiter.

Für den begrenzten Erhalt des Lebens, für eine Verlängerung des Sterbens steht als Begleiter die Qual, der Mord daneben.

Doch ich möchte leben.

Ich möchte leben, wenn auch meine Peiniger mir das Rückgrat brechen, mich verstümmeln, mir mein Augenlicht rauben und unerträglichen Schmerz zufügen.

Ich möchte leben!

Und ihr möchtet leben.

Doch ihr lebt.

Ihr lebt im Ausblick auf Gewinne, im Ausblick auf einer auserwählten Rasse der Evolution, die millionenfaches Leid praktiziert einzig für das Recht des Stärkeren.

Ich möchte leben.

Ihr möchtet Leben.

Ich möchte das Bedürfnis meiner Art ausleben, mein Leben, mein Recht auf dieses Leben frei erleben.

In Freiheit leben, in Würde leben.

Und doch.

Da wird geforscht.

Da werden für Testversuche Gifte über eine Schlundsonde in mein Inneres geleitet, was über Tage Lähmungen, Krämpfe und andere Reaktionen hervorruft, um den Schweregrad der Schädigung an meinen Organen und des Nervensystems zu protokollieren.

Da wird eine Substanz gespritzt, bei der über die Hälfte aller Versuchstiere und Laborratten auf grausamste Weise verenden.

Da wird geforscht.

Da wird gemordet.

Da wird verschwiegen.

Da wird verschwiegen, dass Ergebnisse äußerst umstritten im Hinblick auf die Verträglichkeit für Endverbraucher sind.

Dass in den meisten Bereichen ausreichende Produkte und Medikamente zur Verfügung stehen, die weitere Versuche unnötig erscheinen lassen.

Dass neue Produkte nur zweitrangig dem Verbraucher dienen, sondern in erster Linie einem wirtschaftlichen Interesse, dem produzierenden Konzern.

Da wird verschwiegen, dass neue Prüfmethoden die Verträglichkeit auch ohne Tierversuche nahezu vollständig abdecken.

Menschliche Zellkulturen sogar als Vorteil zu benennen sind, da sie Schwankungen im Wohlbefinden ausschließen und eindeutigere Ergebnisse zulassen.

Selbst freiwillige Probanden zur Verfügung stehen, um Verträglichkeit im Versuch zu testen.

Das wird verschwiegen.

Darüber wird geschwiegen.

Ich wurde heute aufgemuntert, auserwählt.

Ich wurde auserwählt, heute zu sterben.

Um 06:22 Uhr öffnete sich das Sichtfeld des Raumes, in dem ich meine Qual wie üblich stumm erwarte.

Ich wehre mich kaum, bin fast regungslos, gewohnt, die Misshandlungen zu ertragen.

Der kommende Schmerz, der sich jedoch in mir eingräbt, ist nicht zu ertragen.

Ich werde nun über Stunden hinweg einen ausweglosen Lebenskampf führen, immer unter den wissentlich fortschrittlichen Augen meiner Schänder und Mörder, die jede Änderung in meinem

Verhalten, jede schmerzvolle Reaktion wissbegierig aufgreifen und protokollieren.

Meine Augen sind blutunterlaufen, meine Hinterläufe gelähmt, ich habe Angst, ich habe Angst, ich fühle Schmerz, ich habe Angst.

Ich habe Angst.

Die Hand, die mich in regelmäßigen Abständen traktiert, ist gefühlskalt hart.

Ich habe Angst.

Ich vernehme Geräusche, Stille, Isolation, Schmerz, Schmerz, Furcht, Schmerz, Angst, Lebensmut und unbegreifliche Todesangst, unbegreiflichen Schmerz.

Ich habe Angst.

Jede Faser meines Körpers hält dagegen, stemmt sich gegen den Schmerz, den Tod.

Ich habe Angst.

Meine Natur möchte überleben, lässt es nicht zu, dass ich schreie, möchte den Schmerz verdrängen, dem Tod entgehen.

Ich kenne keine Liebe.

Ich erfahre keine Gnade, kein Mitleid.

Ich bin eine Nummer.

Ich sterbe, bin erlöst.

Und auf der anderen Seite.

Während der Schreckensherrschaft im dritten Reich wurden zahlreiche medizinische Versuche an Menschen in Laboren durchgeführt, die in ihrer Abart und Grausamkeit zutiefst verstören.

Nur zu Recht bezeichnet man dieses unmenschliche Verhalten als grausam bestialisch.

Das Andere hingegen sind nur Tierversuche.

Fellpflege
Geschäftliche Haut

Hätten wir noch einen Pelz
Müssten wir uns umeinander kümmern
Fellpflege
Und weniger Kommerz
Du laust mich
Ich laus dich
Affenbande
Es wäre keine Affenschande
Auch das Nacktsein nicht
Ein Fell läge darüber
Doch hier
Im Heute und Jetzt
Geschäftliche Haut
Best aufgesetzte Laune
Fast alles
Fangfrisch aufgetischt
Kaum Zeit noch fürs Lausen
Keine Verbindung mehr zum Tier
Außer in der Evolution
Der Mensch
Ein recht kurzsichtiger Affe

Huhn
Ich wollt ich wär ein Mensch

Ich wollt ich wär ein Huhn
Ich hätt nicht viel zu tun
Als täglich ein Ei
Aus Käfighaltung
Ohne Sonne
Ohne die Frische
In der Luft
Ich wollt ich wär ein Mensch
Nicht ein Tierschicksal
Doch bitte nicht
Bitte nur nicht
Dann doch lieber
Ein Huhn
Als größer und billiger
Als ein gewinnsüchtiger
Nutztiererzeuger

Schwein

Als Sonderangebot

Geschlagen

Aufgeschlitzt

Gemordet

Ausgeblutet

Zerkleinert

Ausgeweidet

Fast alles verwertbar

Borsten

Haut

Knochen

Innereien

Blut und Gedärme

Schön dekoriert

Gepökelt

Als Sonderangebot

Gleich nebenan

An der Fleischtheke

Ein Kilo bestes Schweinefleisch

3,99 Euro

Werbung

Nur das Tier lacht nie

Sympathieträger
Das Tier in der Werbung
Sympathisch
Der Gewinn
Tiere sind überzeugend
Wecken Emotionen
Haha
Tierwerbung ist humorvoll
Nur das Tier lacht nie
Tiere in der Werbung
Unterlaufen einem Casting
Haben Stress
Die Aussage von Werbekampagnen mit Tieren
Der Verbraucher hat keinen Geschmack
Tierwerbung ist geschmacklos

Folterknecht
Wir nannten ihn Metzger

Wir nannten ihn Metzger

Da wurde geschlitzt

Gehackt

Gepökelt

Eine wahre Schweinerei

Da wurde verarbeitet

Das Borstenvieh mundgerecht verpackt

Doch wir nannten ihn Metzger

Diesen Fleischhauer

Der sich beim Zahnarzt fürchtete

Und lauthals schrie

Solch ein Sensibelchen

Doch wir nannten ihn Metzger

Weil er Hälse durchschnitt

Und Knochen brach

Wir nannten ihn Metzger

Oder auch

Den Folterknecht

Pelz
Hat einiges gekostet

Ein schöner Pelz
Echt teuer anschmiegsam dekorativ
Hat einiges gekostet
Tat nicht weh wurde bestimmt zuvor betäubt
Etwa nicht
Ist ganz weich
Möchtest du mal fühlen
Ist ganz weich
Ach nein die machen so etwas nicht
Das ist doch eine Marke
Eine Qualität sondergleichen
Bei diesem Preis
Das kann man doch erwarten
Die würden doch nicht
Nicht bei lebendigem Leibe
Oder doch
Kann ich mir nicht vorstellen
Die laufen doch auch
Auf den Laufstegen damit rum
Das wäre ja
Das darf nicht sein
Das kann nicht sein
Das sind doch Pelzfarmen
Die werden doch kontrolliert

Bestimmt
Das habe ich zumindest gehört
Da bin ich mir fast ganz sicher
Ist ja auch legal
Schließlich verdienen alle daran
Nicht nur die Geschäfte
Das ist ja
Das ist Mode
Das will man heute sehen
Das muss man tragen
Das ist Kultur
Nicht nur in Paris
Das ist schick
Das ist der letzte Schrei
Ach hör auf
Muss jetzt los
Mein Nagel ist abgebrochen
Schau doch nur
Schau doch
Tut weh

Leder
Ehemals lebendig

Der Lederschuh

Totes Tier

Die Ledergarnitur

Totes Tier

Das Lederarmband

Totes Tier

Die Ledertasche

Totes Tier

Das Lederportemonnaie

Totes Tier

Die Lederjacke

Totes Tier

Die Lederhose

Totes Tier

Leder

Ehemals lebendig

Rinderhaut

Gans
Als Tiefkühlkost

Die geschmorte Gans
Und vorher gemästet
Bei Zeiten
Hinein
Über einen Schlauch in den Magen
Die Fütterung
Nur wirklich das Beste
Auch für sie
Dem Verbraucher
Als Tiefkühlkost
Oder wirklich noch besser
Und nur ein wenig gerupft
Fürs nächtliche Wohl
Die Daune
Aber bitte recht weich
Und anschmiegsam
Wie tausend Todesschreie bei Nacht
Ganz leise
Auch bei ihnen
Ganz leise
Aus dem Federbett

Kleintiere
Ein jämmerliches Leben

Ich bin etwas Besonderes
Ich bin kuschelig weich
Ich bin zum Streicheln da
Ich bin klein und niedlich
Ich wachse schnell
Ich bin lästig
Ich bin unerträglich
Ich bin ohne Artgenossen
Ich bin einsam
Jährlich verkümmern unzählige Kleintiere
In Käfighaltung
Ohne Artgenossen
Ohne Hoffnung
Ein jämmerliches Leben
Einzelhaltung bedeutet Einzelhaft

Jagd
Ein blutiges Vergnügen

Treibjagd

Ein blutiges Vergnügen

Für die Befürworter

Ein blutiges Vergnügen

Ein Nachstellen

Eine Trophäe

Eine Tradition

Das Tier

Auf der Flucht

Der Schuss

Ins Fleisch

Ein qualvolles Verenden

Ein Jagderlebnis

Aus Leidenschaft

Bedürfnisse

Das kostet

Arteneigene Bedürfnisse
Eigenartige Bedürfnisse
Im Verständnis der Nutztiererzeuger
Arteneigene Bedürfnisse
Das kostet
Nutztiererzeuger
Bestehen auf Anpassung
Nutztiererzeuger unterstreichen
Ist gesundheitlich unbedenklich
Wie die Qualzucht
Oder das Umgehen von Vorschriften
Es ist naheliegend
Es geht um
Maximalen Gewinn

Zirkus

Spenden Sie Applaus

Manege frei.

Ich heiße Sie Willkommen zu den Attraktionen des Tages, zur Akrobatik und kühnen Künsten, die kaum ein Mensch zuvor vollbracht, geschweige denn noch zu vollbringen vermag.

Ich möchte Sie entführen, Sie auf eine Reise mitnehmen über entlegenste Länder und Kontinente bis zu den fernen Stätten dieser Erde, wo das Außergewöhnliche auf Sie lauert und wartet, das Unbekannte, die mystische Sensation.

Hier und heute für Sie und nur für Sie, mein verehrtes Publikum.

Attraktionen und nochmals Attraktionen.

Also sparen Sie nicht mit dem Applaus, ergötzen Sie sich an dem Merkwürdigen, an dem unterwürfigen Tier und spenden Sie Beifall seinem Dompteur, dem es gelang, die Kreatur, das Tier, die Bestie, zu zähmen.

Hier und heute und nur noch für kurze Zeit in dieser Stadt unter diesem Zirkuszelt.

Sindbad Tromjahn und sein tanzender Bär Bruno.

Ich bitte um Ihren Applaus.

Ich bitte um Ihre Aufmerksamkeit.

Ruhe, meine Damen und Herren! Betrachten Sie die Leichtigkeit wie solch ein Kolloss von einem finsteren Bären, nur durch eine Eisenstange von seinem Herrn und Meister getrennt, sich aufrafft, um hier und heute Ihnen zu gefallen und willig zu erscheinen, beachten sie doch diese Leichtigkeit, diesen gebrochenen Ausdruck in seinem starren Blick.

Ganz natürlich bedarf es für solch eine Dressur an Zuwendung und Erfahrung, so werden auch nur äußerst junge Kreaturen auf ganz unliebsame Weise den freien Muttertieren entrissen, um hier und natürlich nur heute Ihnen zu präsentieren, was machbar möglich ist unter der Anleitung der schroffen Hand eines erfahrenen Dompteurs und seiner Eisenstange.

Beachten Sie und Ruhe meine Damen und Herren, auch liebe Kinder. Dieser Bär wäre in Freiheit ein Einzelgänger, der sich in seinem natürlichen Raum nicht zu unterwerfen vermag, doch hier und heute, sehen Sie nur, er tanzt und tanzt mit einer Leidenschaft, mit einer Hingabe, mit ganz eindeutig gebrochenem Willen.

Hunger und Durst, ja man sieht es ihm nicht an, Hunger und Durst, nur über das Futter und Wasser ist dieser Bestie beizukommen, nur so und mit heißen Platten und Ketten und einer Haltung auf engstem Raum, nur so ist die Manege eine Abwechslung für diesen Kollos von einem Bären und spenden Sie auch bitte seinem Dompteur Sindbad Tromjahn einen mächtigen Applaus, der dieses Wagnis täglich auf sich nimmt, um Ihnen einen der wohl einzigartigsten Tiere dieser Welt in diesem ganz unnatürlichen Lebensraum zu präsentieren.
Applaus, Applaus hier und heute, ja spenden Sie Applaus.
Und nun einen Trommelwirbel und zuvor noch einen heftigen Applaus, auch für das Orchester, das versucht ist, das Stöhnen des geschundenen Bären zu übertönen, Ihnen nicht dieses Leid in die Ohren dringen zu lassen, denn es folgt nun das Wagnis an sich, die Attraktion des Abends, die Dressur des Jahrhunderts:
Bruno und seine Akrobatik auf der Eisenkugel.
Sehen Sie doch nur, schauen Sie doch nur, doch nicht auf seine Tatzen, die sind zerschmettert.

Aber sehen Sie doch nur, schauen Sie doch nur, doch nicht in sein Maul, das ist ausgebrannt. Nein, sehen Sie doch nur, schauen Sie doch nur, diese Akrobatik und wie sensibel sein Fell die Stiche mit der Eisenstange zu verbergen vermag, das hält er aus, das ist Dressur, ist Unterdrückung und eine Offenbarung zugleich.

Applaus, spenden Sie Beifall, diese Qual ist wirklich jede Münze wert.

Applaus, meine Damen und Herren, liebe Kinder und Zirkusbegeisterte, verehrtes Publikum und besuchen Sie auch in der Pause unsere Tierschau, damit Sie einen Eindruck von dem bekommen, was es bedeutet, eingepfercht bei Wind und Wetter, ob heiß, ob kalt, des Menschen Gier auf Sensationen zu befriedigen, auf engstem Raume auszuharren, zu vegetieren bis es wieder heißt:

Manege frei, ein Hoch den Attraktionen.

Applaus und herzlichen, ganz herzlichen Dank für Ihre Aufmerksamkeit.

Denn wir erwarten Sie erneut hier mit Attraktionen auch nach der Pause.

Und verdammt nochmal, schafft endlich einer diesen ausgemergelten, jämmerlichen Bären aus der Manege und Tromjahn, deine Dressur braucht mehr Dramatik. Versuchs mal mit Löwen oder Tigern, die spülen wesentlich mehr in die Kasse als so ein jämmerlicher Abdruck von einem geschundenen Bären.

Tiergelächter
Wer zu hören vermag

Haha
Hihi haha
Haha huha
Uhuh uhoh
Ohoh ohoh
Uhoh uhuh
Haha haha
Haaaa
Tiergelächter
Affenschande
Wer zu hören vermag
Sollte verstehen

Sportfischen

Eine Jagd auf Trophäen

Sport ist Mord

Sportfischen ist Mord

Sportfischen ist beliebt

Eine Freizeitbeschäftigung

Eine Jagd auf Trophäen

Man hängt rum

Der Fisch am Haken

Man versteht sich als Naturfreund

Als Naturliebhaber

Mit Drang zum Töten

Sport ist Mord

Das Verhalten des Sportfischers

Zählt zu den Tierquälereien

Auf Vereinsebene

Wolle
Für die Verwirklichung der Frau

Der Tod durch Überhitzung
Wolle
Ein Tierprodukt
Um warm zu halten
Um Schafe rücksichtslos
Durch eine Schur zu quälen
Zu fixieren
Auch Angorakaninchen
Wegen der Wolle
Für die Verwirklichung der Frau
Zum Stricken
Als Handarbeit
Als Handwerkzeug der Ausbeutung
Sieht gut aus
Hält warm
Ist etwas ganz Besonderes

Versuchstier
In kalter weißer Umgebung

Sterile Räume
Leidvolle Augen
Festgeschnallt
In kalter weißer Umgebung
Prüfsubstanz
Der Zwang zu schlucken
Prüfsubstanz
Auf nackter geschorener Haut
Das Protokoll
Tag für Tag
In kalter weißer Umgebung
Krämpfe Lähmungen
In kalter weißer Umgebung
Verätzung
Bis in den Tod
Die Tür daneben
Der sterbende Mensch
Umsorgt
Ohne zu überleben
Die Tür davor
Der eisig klinische Mord

Familie

Der ist schon alt

Der Mensch als Dosenfutter
Es reicht
Wir sind schließlich keine Kannibalen
Aber die Oma könnte man schon entbehren
Oder wenigstens den Opa
Bei Zeiten an die Verwandten verfüttern
Das wäre ja fast eine Gnade
Der ist schon alt
Wird nicht gebraucht
Wie der Hund von nebenan
Den haben sie auch abgeholt
Der hat gekläfft als hätte er es gewusst
War zu teuer das Vieh
Den hätte man schon noch operieren können
Aber die Kosten
Als Eigentümer muss man die bezahlen
Natürlich hat die Kleine von denen geweint
Aber das ist das Leben
Und der ist ja dann doch friedlich eingeschlafen
Hat kaum gezuckt
Und die Kleine hat jetzt ein Karnickel
So eins mit Zahnfehlstellung
Wollen sie auch loswerden
Haben sich schon im Tierheim erkundigt

Doch die Kleine hat geheult
Aber da war nichts zu machen
Und diese Lektion hat sie sich gemerkt
Das kann man auch erwarten
Gerade heute
Wo alles so teuer ist
Da nützt Mitgefühl wenig
Schließlich muss man die Rechnungen bezahlen
Und das kostet
Da ist Menschlichkeit kaum gefragt
Schließlich bietet der Handel Ersatz
Und für das Karnickel wäre es auch besser
Das kann eh kaum fressen
Mit seinen Krüppelzähnen
Wird nicht gebraucht
Ist nutzlos
Wie Oma und Opa
Aber die gehören zur Familie
Die steht nicht zur Debatte
Das wäre ja peinlich
Und dann erst die Leute
Das macht wirklich
Einen ganz schlechten Eindruck

Verhaltensstörung
Wellensittiche bevorzugen Artgenossen

Der sprechende Wellensittich
Verhaltensstörung
Er spricht doch so schön
Verhaltensstörung
Er hat doch einen Spiegel
Verhaltensstörung
Damit unterhält er sich
Verhaltensstörung
Auch Menschen
Die alleine in Isolation leben
Oder für längere Zeit keinen Kontakt
Zu Mitmenschen haben führen sehr oft
Ausgiebige Selbstgespräche
Verhaltensstörung
Wellensittiche bevorzugen Artgenossen
Alles andere steht im Widerspruch zur Natur

Artenschutz
Ein Überlebenskampf

Der Letzte seiner Art
Herausgerissen
Ohne Bedeutung
Ein Überlebenskampf
Bis aufs Blut
Ohne Aussicht auf Erfolg
Ein Überlebenskampf
Ohne Rücksicht
Ohne Mitleid
Gehetzt
Verdrängt
Gefoltert
Das Recht des Stärkeren
Ein Dokument
Der Artenschutz
Mit Inhalten gespickt
Inhaltslos in der Umsetzung
Und der Letzte seiner Art
Keine Rechtfertigung
Eine Erklärungsnot

Schlachthof

Die Kehle durchgeschnitten

Schlachthof
Der tägliche Tod
Für das Tier
Es riecht Blut
Hört Todesschreie
Verfällt in Panik
Wird unzureichend betäubt
Die Kehle durchgeschnitten
Verblutet
Stirbt
Der Mensch
Sein Schlächter
Der Mensch
Der Verbraucher
Das Urteil
Beihilfe zum Mord

Aussichten

Ein Warten auf den Tod

Aussichten eines Kalbes

Massentierhaltung

Missbrauch

Misshandlungen

Von den Muttertieren entrissen

Gemästet

Für die Fleischproduktion

Für den Endverbraucher

Für das Naturprodukt

Frischmilch

Eingepfercht

Ein Warten auf den Tod

Auf den letzten Gang

Zur Schlachtbank

Mahlzeit
Denn in den Köpfen stirbt kein Tier

Steak

Schnitzel

Haxe

Frikadellen

Bockwurst

Putenbrust

Salamisandwich

Chicken Wings

Double Burger

Mahlzeit

Denn in den Köpfen stirbt kein Tier

Wildtiere
Die fröhlichen Vogelstimmen am Morgen

Zuletzt gesehen
Geachtete Rivalen zur Hirschbrunft
Erhabene Gleitflüge eines Falken
Faszination
Die wilde Hochzeit der Wildkaninchen
Das niedliche Spiel der Füchse
Faszination
Die fröhlichen Vogelstimmen am Morgen
Das freche Geschnatter der Stockenten
Faszination
Wann zuletzt

Mitgefühl

Ein neuer Ruf

Vielleicht wird eine Träne den Boden der Welt berühren und alles Leid, alles Unrecht wird herausgerissen aus dem tiefen Abgrund der Ungerechtigkeit, um neu im Licht eine ganz andere Welt zu erschaffen, die anders ist, gerecht. An diesem Tag wird der Mensch die Natur verstehen und sein Wort wird über die Ebenen der Welt ertönen und es wird still sein in den Wäldern und in den Meeren und alle Arten und alles Leben wird erblühen voller Freude und Geborgenheit. Und aus der Stille heraus wird ein neuer Ruf ertönen, der voller Liebe und Freiheit das verbreitet, was die Natur und alles Leben miteinander verbindet. Eine Gemeinschaft, einen Frieden, ein völlig neues Wort. Es wird ein Tag sein, ein heller, lichtvoller Tag, wo ein Leben Sinn macht, weil unser Mitgefühl einander stärkt. Vielleicht, eines Tages.

INHALT

09 Gebet eines Tieres...
11 Tiertransport…
13 Küken (männlich)...
15 Kosmetik...
17 Leben...
19 Richtlinien…
21 Tierversuche…
29 Fellpflege…
31 Huhn…
33 Schwein…
35 Werbung…
37 Folterknecht…
39 Pelz…
43 Leder…
45 Gans…
47 Kleintiere…
49 Jagd…
51 Bedürfnisse…
53 Zirkus…
59 Tiergelächter…

61 Sportfischen…
63 Wolle…
65 Versuchstier…
67 Familie…
71 Verhaltensstörung…
73 Artenschutz…
75 Schlachthof…
77 Aussichten…
79 Mahlzeit…
81 Wildtiere…
83 Mitgefühl…

Zur Autorin

Maren Neufeld, 1972 geboren, lebt in der Hansestadt Lübeck.
Ehrenamtliche Tätigkeit als Tierschutzberaterin.
Die Autorin veröffentlicht im Bereich Belletristik, darunter zahlreiche Publikationen in Anthologien.

Mitgliedschaft

Schriftsteller in Schleswig-Holstein e.V.
Lübecker Autorenkreis und seine Freunde e.V.

Bei BoD erschienen:

Ein Wort aus naher Ferne - Lyrik
ISBN 978-3-8391-1234-2
2009. 60 Seiten Hardcover 12,95 €